AF312500

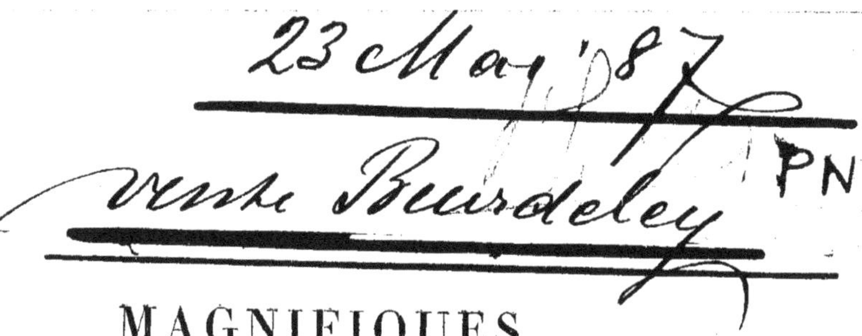

MAGNIFIQUES

TAPISSERIES

Tissées d'or

DE LA RENAISSANCE

SUPERBES PANNEAUX

Brodés au point, avec rehauts d'argent

DU TEMPS DE LOUIS XIV

SCULPTURES, BRONZES

MEUBLES DU XVIIIe SIÈCLE

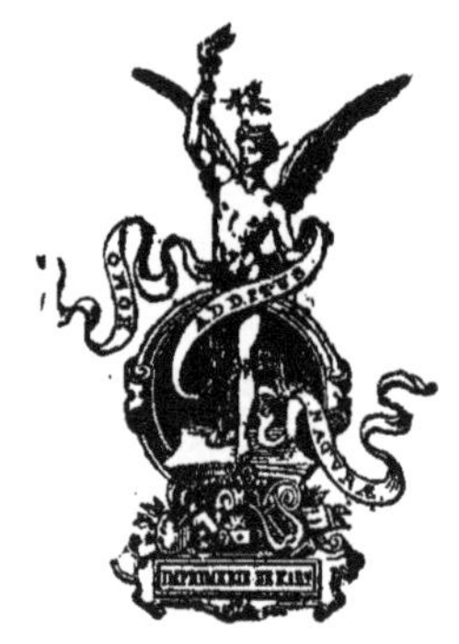

[illegible]

CATALOGUE

DE

MAGNIFIQUES TAPISSERIES

DONT

CINQ DE LA RENAISSANCE

Rehaussées d'or

SIX DU TEMPS DE LOUIS XIV

Au petit point, avec rehauts d'argent

ET

SEPT TABLEAUX DES GOBELINS

Beaux Bronzes d'art et d'ameublement

DES ÉPOQUES LOUIS XIV ET LOUIS XVI

Porcelaines montées

MEUBLES, TERRES CUITES, MARBRES

Belles Broderies, Étoffes

DONT LA VENTE AURA LIEU

HOTEL DROUOT, SALLE N° 1

Le Lundi 23 Mai 1887

A DEUX HEURES

Mᵉ PAUL CHEVALLIER	M. CHARLES MANNHEIM
COMMISSAIRE-PRISEUR	EXPERT
10, rue de la Grange-Batelière, 10	7, rue Saint-Georges, 7

EXPOSITIONS

Particulière : *Le Samedi 21 Mai 1887*
Publique : *Le Dimanche 22 Mai 1887*

DE 1 HEURE A 5 HEURES

CONDITIONS DE LA VENTE

Elle sera faite *expressément* au comptant.

Les acquéreurs payeront en sus des enchères *cinq pour cent*, applicables aux frais de la vente.

L'exposition mettant le public à même de se rendre compte de l'état et de la nature des objets, il ne sera admis aucune réclamation une fois l'adjudication prononcée.

Paris. Imp. de l'Art. E. Ménard et J. Augry, 41, rue de la Victoire.

DÉSIGNATION DES OBJETS

TAPISSERIES

Suite de cinq magnifiques tapisseries bruxelloises du XVIe siècle, à rehauts d'or, représentant des sujets tirés de *l'Histoire de Vulcain*. Elles sont décrites dans une remarquable étude de M. Alphonse Wauters sur *les Tapisseries de Bruxelles et leurs marques*, publiée dans le journal *l'Art* (7e année, 1881) et à laquelle nous empruntons ce qui suit :

« L'histoire de Vulcain se compose de cinq pièces, accompagnées chacune de deux strophes latines inscrites sur des cartouches placés dans les bordures verticales et entourés d'arabesques. Les bordures supérieures et inférieures se composent de rinceaux, au milieu desquels folâtrent des enfants ailés et cuirassés. Aux angles sont placés des médaillons-portraits en camaïeu. »

1 — La première représente *les Amours de Mars et de Vénus*.

Haut., 4 m. 15 cent.; larg., 6 m. 80 cent.

2 — La seconde : *Vulcain forgeant les filets*.

Haut., 4 m. 15 cent.; larg., 6 mètres.

3 — La troisième : *Vulcain prenant les dieux à témoin de l'affront qui lui est fait*.

Haut., 4 m. 25 cent.; larg., 5 m. 25 cent.

4 — La quatrième : *les Dieux découvrant les deux coupables*.

Haut., 4 m. 25 cent.; larg., 6 m. 90 cent.

5 — La cinquième : *Neptune et Cupidon intercédant pour Mars et Vénus auprès de Jupiter*.

Haut., 4 m. 20 cent.; larg., 6 mètres.

« Ces magnifiques tapisseries peuvent être classées au nombre des plus belles qui existent. On en attribue les dessins au *Primatice*. »

Elles ont été gravées dans *l'Art* par J. J. Puyplat.

———

Belle tenture de l'époque Louis XIV, composée de six panneaux en tapisserie au petit point, rehaussés d'argent, exécutés sur les dessins d'Audran et d'une grande richesse d'ornementation.

6 — *Allégorie de la Paix*, représentée par deux figures en costume du temps de Louis XIV, sur la terrasse d'un parc : un jeune homme agenouillé aux pieds d'une dame à qui il présente

une guirlande de fleurs. Ce sujet occupe un médaillon ovale encadré d'une guirlande de fruits et autour duquel se déroulent de larges rinceaux entremêlés de guirlandes, de singes, etc. Un cartel fleurdelisé surmonte la bordure qui offre, à la traverse inférieure, des trophées d'attributs de jardinage, des groupes de fruits et de légumes, des chiens, des lapins, un mascaron surmonté d'une sphère et deux lions héraldiques.

On lit sur un carré de toile cousu sur la doublure : « 8 pièce de tapisserie font or à figure représentant un tableau. H. 13 p. L. 8 p. 6 p. » et sur un petit carton également cousu : « Palais Royal, Tenture nᵒ 2..... »

Haut., 4 m. 25 cent.; larg., 2 m. 80 cent.

7 — *Allégorie de la Guerre*. Médaillon central représentant un trophée de casques, de boucliers, de drapeaux, d'armes de toutes sortes, dans une guirlande de laurier entremêlée de vases et d'attributs guerriers. L'encadrement se compose de cassolettes, de torches, de canons, de bombes, etc., le tout entremêlé de larges rinceaux ; un aigle aux ailes éployées en forme le couronnement.

Haut., 4 m. 25 cent.; larg., 2 m. 80 cent.

8 — *Le Printemps*. Médaillon ovale entouré d'une guirlande de fleurs de toutes sortes et repré-

sentant Flore debout auprès d'un vase posé sur un piédestal.

L'encadrement se compose en haut et sur les côtés de rinceaux, de guirlandes de fleurs et de médaillons contenant des signes du Zodiaque. Le bas figure un vase de fleurs, des oiseaux et divers attributs rustiques.

Haut., 4 m. 15 cent.; larg., 2 m. 75 cent.

9 — *L'Été*. Le médaillon central, encadré de fruits, représente Cérès portant une gerbe de blé ; d'autres gerbes, des instruments aratoires, des cailles, un mascaron supportant un vase de fruits, décorent le bas de la tapisserie ; les montants et la traverse supérieure offrent des rinceaux, des cornes d'abondance, des guirlandes, des oiseaux et des médaillons contenant les signes du Zodiaque.

Haut., 4 m. 25 cent.; larg., 2 m. 80 cent.

10 — *Louis XIV enfant*. Il est représenté debout, costumé à l'antique, le sabre au côté, la main appuyée sur le bâton de commandement, dans un médaillon ovale encadré de rinceaux, d'attributs guerriers, de salamandres, etc., et surmonté de l'aigle aux ailes éployées.

Haut., 4 m. 38 cent.; larg., 2 m. 75 cent.

11 — *Louis XIV en Jupiter*. Armé de l'égide, tenant la foudre, il est porté par l'aigle dans les airs. Une guirlande de fleurs entoure le médail-

lon et l'encadrement se compose de rinceaux, de cornes d'abondance, d'aras et d'oiseaux aux plumages éclatants, d'attributs champêtres, etc. Un soleil et les trompettes de la Renommée forment le couronnement de cette magnifique bordure.

Haut., 4 m. 25 cent.; larg., 2 m. 75 cent.

---

12 — Dessus de porte en tapisserie des Gobelins, représentant des poires, des pêches et des raisins, d'après *Baptiste Monnoyer.*

Haut., 68 cent.; larg., 94 cent.

13 — Dessus de porte en tapisserie des Gobelins représentant une corbeille de fleurs, des fruits, une tasse, une cafetière et un moulin à café, d'après un tableau de *Baptiste Monnoyer.*

Haut., 64 cent.; larg., 96 cent.

14-15 — Deux jolis tableaux de même tapisserie, d'après *François Boucher :* la Petite Jardinière et le Petit Musicien.

Haut., 65 cent.; larg., 55 cent.

16-17 — Deux autres jolis tableaux en tapisserie des Gobelins, d'après *Oudry :* le Coq et la Perle, le Loup et l'Agneau.

Haut., 55 cent.; larg., 48 cent.

18 — Petit tableau en tapisserie des Gobelins, représentant un bouquet de fleurs dans un vase bleu posé auprès d'un oiseau mort, sur le marbre d'une console.

Haut., 50 cent.; larg., 40 cent.

SCULPTURES

19 — **Terre cuite**. Statuette d'Hébé debout, tenant une coupe de la main droite et une buire élégante de la gauche. Signée : **Saly** 1756.

Sur socle en porphyre rouge oriental, avec moulures en marbre blanc.

Hauteur de la statuette, 88 cent.
Hauteur du socle, 15 cent.

20 — **Terre cuite**. Buste de femme couronnée de fleurs, grandeur nature, par **Marin**. Signé.

Haut., 45 cent.

21 — **Marbre blanc**. Deux hauts-reliefs ovales de l'École de Fontainebleau et représentant des scènes de bacchanales.

Haut., 35 cent.; larg., 51 cent.

22 — **Porphyre rouge oriental**. Coupe à piédouche, ornée de deux anses et d'un culot en bronze ciselé et doré, et reposant sur un socle carré en même matière, avec soubassement orné en bronze doré.

Haut., 34 cent.; diam., 40 cent.

23 — **Marbre blanc**. Deux vases en forme d'urnes semi-ovoïdes, d'une élégante ornementation Louis XVI. Les couvercles sont accotés de trois anses s'appuyant sur des mufles de lion, reliés par une ceinture d'arabesques et par des dra-

peries retombant sur la panse. Les culots sont godronnés et la base du piédouche est bordée d'un tore de laurier.

Haut., 46 cent.

24 — Marbre blanc. Deux coupes à pourtour décoré de cartels, de fleurons et de perles; la tige du pied et le couvercle sont ornés de cannelures obliques.

Haut., 32 cent.

25 — Marbre blanc. Petit buste de Mercure, coiffé du pétase, les épaules drapées.

Hauteur, piédouche compris, 36 cent.

BRONZES D'ART

26 — Buste de satyre rieur, grandeur nature, la tête ceinte d'une couronne d'épis, les épaules drapées d'une peau de lion. Bronze à patine brune de l'époque Louis XIV.

Hauteur, piédouche compris, 63 cent.

27 — Statue de bronze à patine brune, demi-nature : la Vénus au dauphin. xviiᵉ siècle.

Haut., 1 m. 10 cent.

28 — Groupe en bronze à patine brune, du xviiᵉ siècle, représentant Silène soutenu par un satyre et par une bacchante. Ce groupe est posé

sur un socle cylindrique en porphyre rouge d'Orient, ceint à sa base d'un tore de laurier sur plinthe carrée, en bronze doré.

Hauteur totale, 26 cent.

29 — Petit buste de jeune homme à cheveux longs, les épaules drapées, élevé sur piédouche quadrangulaire. Bronze du XVIIe siècle.

Haut., 24 cent.

BRONZES D'AMEUBLEMENT

CONSOLE

30 — Belle console, tout en bronze ciselé et doré, de l'époque Louis XVI, à deux pieds contournés et surmontés de têtes de bélier. Sous la ceinture, composée d'une moulure et d'une feuille d'eau, est un grand cartouche médian, encadré de feuillages et contenant une coquille à rosace et guirlande de laurier. Dessus en marbre brèche violette bordé de moulures et d'un quart de rond.

Haut., 85 cent.; larg., 90 cent.

PENDULES

31 — Grande pendule de l'époque Louis XVI, en bronze ciselé et doré, signée *Osmond*. Elle est

en forme d'urne, à couvercle cannelé et surmonté d'une pomme de pin, et les deux anses
sont figurées par des mufles de lion à anneaux
mouvants. Le culot est orné de feuilles et de
godrons. Le piédouche, creusé de canaux
obliques, est bordé d'un tore de laurier et
repose sur un socle rectangulaire à gorge
décorée d'une guirlande de chêne. Mouvement
de *Ferdinand Berthoud.*

Haut., 62 cent.

32 — Pendule du temps de Louis XVI, en bronze
ciselé et doré, en forme de petit temple à pilastres
cannelés garnis de tigettes et à corniche cintrée
décorée d'oves. Elle est flanquée latéralement
de deux consoles renversées et entourées de
feuilles. Un gracieux motif, composé de deux
cornes d'abondance, de flèches et d'une couronne de roses, surmonte la pendule, qui repose
sur un socle de marbre blanc. Mouvement de
Barancourt, à Paris.

Haut., 41 cent.; larg., 43 cent.

33 — Grande pendule du temps de Louis XVI, en
bronze doré, surmontée d'une sphère cantonnée
de termes et décorée d'une statuette de femme
assise, *la Liseuse,* en bronze patiné. La base, à
gorge creusée de canaux, est élevée sur un
socle de marbre griotte. Le cadran porte le
nom de *Lefaucheur, horloger du Roy, à Paris.*

Haut., 60 cent.; larg., 70 cent.

34 — Pendule du temps de Louis XVI, en bronze
ciselé et doré, ayant la forme d'un édicule
cintré à sa partie supérieure et supporté par
des pilastres cannelés. Elle est flanquée latéralement de cornes d'abondance enveloppées de
rubans. Un trophée des emblèmes de l'Amour
forme le couronnement. Socle oblong et à
ressauts en marbre blanc garni d'appliques de
bronze et reposant sur pieds à godrons. Mouvement de *Charles Le Roy, à Paris.*

Haut., 48 cent.

35 — Pendule du temps de Louis XVI, à statuette
de Cléopâtre, avec base à mascaron et guirlandes et socle en marbre turquin. Mouvement
de *Henri Voisin, à Paris.*

Haut., 32 cent.

36 — Pendule du temps de Louis XVI, en bronze
doré, flanquée latéralement de consoles renversées et surmontée d'un médaillon, jeux
d'enfants, encadré d'une couronne de laurier et
soutenu par deux cornes d'abondance. Socle en
marbre blanc sur toupies. Cadran au nom de
Crozard, à Paris.

Haut., 46 cent.

37 — Petite pendule du temps de Louis XVI, en
bronze doré, supportée par quatre consoles
renversées, garnie latéralement de mufles de
lion et surmontée d'un brûle-parfums enguir-

landé. Socle de marbre blanc à balustrade en bronze. Mouvement de *H. Fol, à Paris.*

Haut., 38 cent.

38 — Pendule à cage en bronze ciselé et doré, du temps de Louis XVI, à décor de rinceaux et de feuillages ajourés et de guirlandes de fleurs en relief. Elle est surmontée des emblèmes de l'Amour et posée sur un socle de marbre griotte élevé sur toupies. Cadran portant le nom de *Piolaine, à Paris.*

Haut., 45 cent.

39 — Pendule à cage, cintrée du haut, en bronze ciselé et doré, du temps de Louis XVI, de *Lepaute, horloger du Roi.* Les moulures sont ornées de laurier, de feuilles d'acanthe et de feuilles d'eau.

Haut., 39 cent.

40 — Pendule de voyage du temps de Louis XVI, de *Robin, à Paris.* Elle est cintrée du haut et décorée, sous le cadran, d'une plaque d'émail, fond bleu, à guirlandes de perles en émail blanc et arabesques en dorure. Cette pièce est accompagnée de son écrin en cuir.

Haut., 22 cent.

41 — Pendule du temps de Louis XVI, en bronze ciselé et doré, couverte de feuillages, de rinceaux et de perles, et flanquée latéralement de montants à griffes de lion ornés de retombées de fleurs et de fruits. Elle est surmontée d'un

petit vase en marbre blanc et repose sur un socle de marbre pareil. Cadran au nom de *Beliard fils, à Paris.*

Haut., 47 cent.

42 — Pendule Louis XVI en bronze ciselé et doré. Le tambour du cadran est surmonté d'une statuette de bacchante assise et repose sur un brancard à lambrequin porté par deux enfants enguirlandés de pampres. Socle en marbre griotte décoré de rinceaux en bronze. Mouvement de *Bruel, à Paris.*

Haut., 50 cent.

43 — Pendule du temps de Louis XV, composée d'un éléphant debout en bronze, patine florentine, reposant sur un socle rocaille en bronze doré et supportant le mouvement, sur lequel repose une figure de Chinois assis.

Haut., 47 cent.; larg., 31 cent.

44 — Petite pendule en bronze doré, surmontée d'une statuette de Diane assise, flanquée de consoles et reposant sur un socle à bas-relief : jeux d'enfants.

Haut., 38 cent.

45 — Pendule de voyage, fin Louis XVI, en bronze doré, reposant sur quatre griffes. Poignée en forme de serpent. Mouvement de *Cugnier.*

Haut., 24 cent.

CARTELS

46 — Petit cartel de l'époque Louis XIV, à côtés chantournés, corniche cintrée et cul-de-lampe quadrangulaire. Il est plaqué d'écaille, iucrusté de cuivre et garni de moulures et d'appliques en bronze ciselé et doré, telles que : coqs, têtes de bélier, mascarons, etc.

Haut., 53 cent.

47 — Cartel en bronze ciselé et doré, forme violon, de l'époque Louis XIV. décoré à la partie supérieure de têtes de bélier et de pentes de fleurs que surmonte un couronnement à gorge ajourée, se terminant par un bourgeon. Le cadran, au nom de *l'Épine h*or *du Roy,* se détache sur un panneau quadrillé en marqueterie de cuivre et de corne bleue. Au-dessous, se voit un mascaron ressortant sur un cul-de-lampe feuillagé qui se termine par une graine.

Haut., 68 cent.

48 — Cartel en bronze ciselé et doré, de l'époque Louis XV, surmonté d'une figurine d'enfant, assis auprès d'une mappemonde. Sous le cadran, qui est encadré de rinceaux à volutes et de branches de fleurs, se voit un coq, debout sur une large feuille en amortissement. Mouvement au nom de *Filon, à Paris.*

Haut., 70 cent.

49 — Cartel de l'époque Louis XV, composé de rocailles, de rinceaux contournés et de feuillages ; il est surmonté d'une statuette de déesse assise et couronnée de fleurs, et à une ouverture, située sous le cadran, apparaît une tête de cerf.

Haut., 70 cent.

50 — Cartel du temps de Louis XV, en bronze doré, composé d'ornements rocaille, de branches de boutons d'oranger et surmonté d'une large fleur. Mouvement de *Monnot, à Paris*.

Haut., 54 cent.

51 — Petit cartel du temps de Louis XV, de forme contournée et d'ornementation consistant en rinceaux feuillagés et branches de fleurs. Le couronnement est ajouré et la partie inférieure disposée en cul-de-lampe à quatre ressauts. Mouvement de *Julien Le Roy*.

Haut., 45 cent.

52 — Petit cartel du temps de Louis XV, composé de rinceaux feuillagés et mouvementés et de festons de fleurs. Le couronnement est ajouré. Cadran portant le nom de *Olin, à Paris*.

Haut., 50 cent.

53 — Cartel de l'époque Louis XVI, modèle à mufle et peau de lion drapée, têtes de bélier et feuillages ; il est surmonté d'un vase à deux anses. Cadran au nom de *Baillon, à Paris*.

Haut., 80 cent.

BRAS-APPLIQUES

54 — Deux bras-appliques à une lumière, du temps de Louis XIV, en bronze doré. L'applique se compose de deux enfants qui supportent une corbeille de fleurs, la branche s'échappe d'un mascaron.

Haut., 23 cent.

55 — Paire d'appliques du temps de Louis XVI, en bronze ciselé et doré, à trois branches porte-lumières, accotées à une tige cannelée surmontée d'une flamme figurant le flambeau de l'Amour. Les douilles sont ornées de canaux et d'une ceinture de feuilles; leurs plateaux, à rais de cœur, sont bordés de perles.

Haut., 63 cent.

56 — Paire de grandes et belles appliques en bronze ciselé et doré, de l'époque Louis XVI, à trois bras contournés en S et feuillagés, s'échappant d'une console à volutes et draperies terminées par une graine et supportant un vase à flamme, enguirlandé de laurier. La branche d'entre-deux, plus haute que les autres, présente à sa partie médiane un beau mascaron : tête de femme coiffée d'un diadème de plumes.

Haut., 65 cent.

57-58 — Deux paires d'appliques à trois lumières

chaque, en bronze ciselé et doré, de l'époque Louis XVI. Gracieux modèle composé de trois cors de chasse réunis par une couronne de roses au carquois et au flambeau de l'Amour et suspendus par un ruban double, surmonté d'un nœud ondulé et terminé par des glands.

Haut., 55 cent.

59 — Paire d'appliques à deux lumières, du temps de la Régence. Les bras, feuillagés et contournés en S, supportent des plateaux et des douilles, ornés de boucles et de canaux, et se terminent à leur partie inférieure en serres d'aigle posées sur un cul-de-lampe à retombée de pampre. La tige a la forme d'une gaine enguirlandée que surmontent deux branches de laurier, un écu et un casque à panache.

Haut., 41 cent.

60 — Paire d'appliques à quatre lumières, de l'époque Louis XVI, en bronze ciselé et doré, en forme de lyres décorées de feuilles variées.

Haut., 62 cent.

61 — Paire d'appliques à deux lumières, du temps de la Régence, composées de motifs à larges feuilles et de festons de pampre. Les plateaux et les douilles sont ornés d'oves et de godrons.

Haut., 41 cent.

62 — Paire d'appliques à deux lumières, de l'époque

Louis XV, formées de feuillages et de rocailles mouvementés.

Haut., 40 cent.

63 — Deux appliques de l'époque Louis XVI, à trois lumières portées par des tiges carrées et feuillagées, prenant naissance sur une gaine cannelée que surmonte un vase à fleurs.

Haut., 45 cent.

CANDÉLABRES

64 — Deux candélabres du temps de Louis XVI, composés chacun d'un vase de marbre blanc avec culot, ceinture à têtes de bélier et gorge en bronze, surmonté d'un bouquet de roses et de lis, à trois branches porte-lumières.

Haut., 68 cent.

65 — Deux candélabres de style Louis XVI, en bronze ciselé et doré, ornés chacun de trois autruches debout et à bouquet composé de sept branches porte-lumières, dont six à rinceaux.

Haut., 78 cent.

FLAMBEAUX

66 — Deux flambeaux de l'époque Louis XIV, à tige formée de quatre termes symbolisant les saisons et reposant sur une bague à lambrequin. Le culot de la douille est orné de feuilles

d'acanthe et la doucine du pied présente des
rinceaux interrompus par des mascarons et des
tabliers.

Haut., 23 cent.

67 — Deux flambeaux Louis XIV, à douille et base
hexagone, et à tige triangulaire ; ils sont décorés
de mascarons, de rinceaux, de coquilles, d'oves
et de lambrequins.

Haut., 25 cent.

68 — Deux flambeaux Louis XIV, à tige cylindrique, ornée de cannelures et de fleurons et
ceinte de bagues godronnées ; le culot de la
douille et la moulure du pied sont chargés de
rinceaux et de fleurons. Modèle de Boulle.

Haut., 22 cent.

69 — Deux flambeaux Louis XV, à tige triangulaire,
ornés de coquilles et de pentes de feuilles avec
rinceaux en ressaut ; sur le pied sont gravés des
canaux en spirale.

Haut., 26 cent.

70 — Deux flambeaux Louis XV, formés chacun
d'une figurine d'enfant debout contre un tronc
d'arbre et portant sur la main une douille faite en
manière de feuille. Un enfant personnifie l'Été ;
l'autre représente l'Automne ; ils sont placés sur
des bases circulaires à crossettes, bordées d'une
tresse ondulée.

Haut., 27 cent.

71 — Deux flambeaux en bronze ciselé et doré, de l'époque Louis XVI, cannelés et garnis de tigettes et de feuilles d'acanthe. Le pourtour de la douille offre une ceinture de feuilles de laurier renversées, et les moulures sont bordées de perles.

Haut., 28 cent.

72 — Deux petits flambeaux-cassolettes Louis XVI, en forme de vases, à têtes de satyres et à guirlandes de chêne, portés par un petit fût carré et à chapiteau ionique, élevé sur une base quadrangulaire, à perles et feuilles d'eau.

Haut., 18 cent.

73 — Deux flambeaux Louis XVI, à tiges cylindriques, flanquées de trois petits pilastres surmontés de têtes de bélier. Le culot de la douille est orné d'une feuille d'eau ; le pied est creusé de canaux et bordé d'une boucle fleuronnée.

Haut., 25 cent.

74 — Deux flambeaux Louis XVI, à tiges cannelées, pieds et douilles à feuilles d'eau et perles.

Haut., 22 cent.

75 — Deux flambeaux de style Louis XIV, à décor de mascarons, coquilles, lambrequins, etc.

Haut., 23 cent.

CHENETS

76 — Deux jolis chenets du temps de la Régence, composés d'ornements rocaille et ornés chacun d'une élégante cariatide de femme.

Haut., 25 cent.

77 — Deux chenets du temps de la Régence, en bronze ciselé et doré, composés de dragons en regard, grimpés sur des socles contournés, à décor de feuillages, de fleurs et de coquilles godronnées.

Haut., 31 cent.; larg., 32 cent.

78 — Deux chenets, époque Régence, représentant deux sirènes, à griffes de lion, avec aigrette et diadème dans la coiffure, accroupies en regard sur des terrasses, supportées par des socles à mufle de lion, tabliers et pieds contournés.

Haut., 32 cent.; larg., 21 cent.

79 — Deux grands chenets de l'époque Louis XVI, composés de griffons en regard, reliés, à l'aide d'une galerie portant sur des rinceaux ajourés, à des vases enguirlandés de laurier, à col élancé et cannelé, surmontés d'un bouquet de fleurs et de fruits.

Haut., 47 cent.; larg., 45 cent.

80 — Deux grands chenets du temps de Louis XVI, composés chacun de deux piédestaux cannelés,

l'un supportant un vase à flamme muni d'anses, têtes de satyres, reliées par une guirlande ; l'autre surmonté d'un petit trépied. Ces deux piédestaux sont reliés par une traverse décorée d'une boucle fleuronnée.

Haut., 40 cent.; larg., 45 cent.

81 — Deux chenets du temps de Louis XVI, en bronze ciselé et doré au mat et vermeil. Sur la base, ornée d'un mascaron, tête de Gorgone, repose un vase à anses-souffleurs, flanqué de deux dragons ailés assis.

Haut., 56 cent.; larg., 53 cent.

82 — Deux chenets du temps de Louis XV, composés chacun d'une galerie contournée, à quatre balustres, encadrée de larges feuillages.

Haut., 40 cent.; larg., 38 cent.

83 — Deux chenets de l'époque Louis XVI, formés chacun d'un fût engagé et cannelé, flanqué de montants à piécettes, reliés par une guirlande, et de deux consoles renversées. Sur la corniche de ce soubassement sont posés : un lion couché, un casque, un trophée d'armes et un brûle-parfums.

Haut., 32 cent.; larg., 29 cent.

84 — Deux chenets de l'époque Louis XIV, formés de vases Médicis à godrons et appliques rapportées, surmontés de graines et posés sur des piédestaux triangulaires à consoles en ressaut

sur griffes de lion. Chaque face du piédestal offre un médaillon à tête de bacchante, encadré de guirlandes et surmonté d'une palmette.

Haut., 39 cent.

85 — Deux chenets Louis XVI, en bronze ciselé et doré, composés chacun d'une galerie à balustres surmontée de deux glands ovoïdes à feuilles d'eau et supportée par deux pieds coniques creusés de canaux en spirale.

Haut., 31 cent.; long., 36 cent.

86 — Deux chenets du temps de Louis XVI, modèle à vase enguirlandé de laurier, sur piédestal relié par un soubassement à un vase à parfums posé sur fût cannelé.

Haut., 36 cent.; larg., 31 cent.

PORCELAINES MONTÉES

87 — Grande potiche à couvercle en porcelaine de Chine, décorée de fleurs et de papillons en émaux de couleur. Monture en bronze ciselé et doré, avec pieds griffes de lion s'appuyant sur un socle en bois noir.

Haut., 95 cent.

88 — Brûle-parfums en ancienne porcelaine tendre de Mennecy-Villeroy, ayant la forme d'une grenade ouverte, entourée de branches feuillues en relief, le tout décoré en émaux polychromes. Cette pièce repose sur une terrasse à fleurettes

et rocailles en bronze ciselé et doré du temps
de Louis XV.

Haut., 16 cent.; long., 25 cent.

89 — Deux cache-pots en ancienne porcelaine de
Chine, décorés de trois ceintures d'ornements
en émaux de la famille verte ; ils sont garnis
d'une monture Louis XIV en bronze, collerette
et base à godrons reliées par des montants ajourés à dauphins avec poignées mobiles.

Haut., 14 cent.

90 — Deux figurines de danseurs en vieux blanc de
Chine, posées sur une terrasse rocaille en
bronze doré, d'où s'élancent des branchages et
la tige d'un parasol maintenu au-dessus des
têtes. La monture date de l'époque Louis XV.

Haut., 29 cent.

MEUBLES

91 — Régulateur de l'époque Louis XV, à gaine en
palissandre, de forme contournée, enrichie d'appliques en bronze ciselé et doré, à décor de
rocailles et de fleurs ; sous le cadran se voit un
motif représentant deux têtes d'enfants souf-
fleurs dans un nuage. Mouvement de *Jean-Bap-
tiste Baillon*.

Haut., 2 m. 25 cent.

92 — Joli secrétaire du temps de Louis XV, en
laque noir à décor d'or et couleur, paysages et
habitations, garni d'encadrements, de chutes et

de sabots rocaille en bronze ciselé et doré ; dessus de marbre blanc. Il est signé : *F. Reizell.*

Haut., 1 m. 37 cent.; larg., 86 cent.

93 — Petit bureau à dos d'âne, sur pieds cannelés, en bois de placage et marqueterie à quadrillés, enrichi de frises et de panneaux décorés en grisaille au vernis Martin et représentant des jeux d'enfants et des arabesques. Il est richement garni de bronzes ciselés et dorés.

Haut., 1 m. 10 cent.; long., 70 cent.

94 — Écran formé d'un panneau ovale de l'époque Louis XV, peint au vernis dit de Martin et rehaussé d'or, à motif de paysages avec pagodes et figurines dans le goût chinois, entouré d'un riche encadrement, qui consiste en rocailles, fruits, guirlandes, perroquets, etc. Le panneau est bordé d'une moulure à oves en bois doré, supportée par deux patins à volutes et feuilles.

Haut., 1 m. 20 cent.

95 — Table de nuit en bois rose de l'époque Louis XV, légèrement contournée et à angles en chanfrein. Porte à coulisseau, avec un tiroir au-dessus et deux au-dessous. Tablette en brèche jaune bordée d'une galerie de cuivre.

Haut., 75 cent.; larg., 50 cent.

96 — Petite table ronde à ouvrage, bois rose et bois satiné, et à dessus marqueté à fleurs.

Haut., 71 cent.; diam., 29 cent.

97 — Petite table à ouvrage de forme ovale, en bois rose et amarante, à trois tiroirs encadrés de filets en marqueterie. Les pieds, légèrement contournés, sont reliés par une tablette en forme de rognon ; dessus de marbre blanc encadré d'une galerie de **cuivre**. Époque Louis XVI.

Haut., 70 cent.

98 — Table à ouvrage de forme ovale, à quatre pieds et tablette d'entre-jambes, en marqueterie de bois à rosaces et quadrillages, avec dessus de marbre blanc encadré d'une galerie en cuivre découpé. Époque Louis XV.

Larg., 48 cent.

99 — Table ovale à quatre pieds, en acajou incrusté de cuivre et garnie de quelques ornements de bronze doré. Le dessus est formé d'une plaque de marbre vert foncé contenant des parties chatoyantes.

Larg., 62 cent.

100 — Petite table ovale à quatre pieds et tablette d'entre-jambes, en bois de rose et à dessus de marbre blanc. Époque Louis XV.

Larg., 37 cent.

101 — Table de nuit du temps de Louis XV, à contours et fermant à deux portes en bois satiné et bois de rose. Le dessus est formé d'une tablette de marbre bleu turquin.

Larg., 44 cent.

102 — Petite table du temps de Louis XV, formant
bureau, en marqueterie de bois satiné à fleurs
et rinceaux sur fond bois de rose.

Larg., 60 cent.

103 — Autre petite table Louis XV, en bois satiné,
à dessus de laque et garnie de chutes et de
sabots en bronze ciselé.

Larg., 68 cent.

104 — Table à ouvrage à trois tiroirs, du temps de
Louis XVI, en marqueterie de bois à rosaces et
quadrilles, garnie de moulures et de quelques
ornements en bronze ciselé et doré.

Larg., 48 cent.

105 — Petite table ronde du temps de Louis XV, à
quatre pieds, en marqueterie de bois à fleurs et
à dessus de marbre bleu turquin.

Diam., 33 cent.

106 — Table tricoteuse sur pieds en forme de lyre,
en marqueterie de bois à quadrillés sur fond
bois de citron et garnie de rosaces et d'ornements en bronze ciselé et doré.

Larg., 71 cent.

107 — Coffret oblong à couvercle bombé et reposant sur quatre pieds droits, en marqueterie de
bois à fleurettes et quadrillés verts sur fond
bois de citron. Époque Louis XVI.

Larg., 51 cent.

108 — Table de nuit du temps de Louis XV, en marqueterie de bois à rosaces vertes sur fond bois de rose et encadrements en bois de violette.

Larg., 48 cent.

109 — Miroir à encadrement d'aspect monumental à pilastres, entablement et fronton, en glaces étamées et glaces bleues, enrichi d'appliques en bronze ciselé et doré, de l'époque Louis XIV, têtes de femmes, bouquets de fleurs, moulure ajourée, etc.

Haut., 1 m. 50 cent.; larg., 88 cent.

110 — Grand écran en bois sculpté et doré, du temps de Louis XVI, montants à pilastres couronnés de draperies et partie supérieure cintrée garnie de trois pommes. Il est garni d'étoffe à branches de roses réservées en blanc sur fond vert clair.

Haut., 1 m. 42 cent.; larg., 83 cent.

111 — Deux supports d'applique ou torchères, composés de deux cariatides, homme et femme, en bois sculpté et doré, se terminant en gaine cannelée et peinte à l'imitation du marbre.

Haut., 1 m. 55 cent.

112 — Fauteuil à dossier bas, carré et ajouré, en bois de noyer, couvert de velours de Gênes rouge ton sur ton. Travail italien du XVIIIe siècle.

113 — Six fauteuils semblables à celui qui précède, mais de travail moderne.

ÉTOFFES, BRODERIES

114 — Beau parement d'autel en velours grenat richement décoré en applications de soies de couleur teintes et circonscrites d'un cordonnet doré. L'ornementation consiste en arabesques fleuries et cornes d'abondance, avec vase central placé entre deux figures de saints. Une bande de rinceaux forme l'encadrement des côtés et de la partie inférieure du panneau, qui offre à sa traverse supérieure une frise à chérubins et figures d'apôtres entremêlés d'arabesques.

Haut., 90 cent.; larg., 2 m. 57 cent.

115 — Beau devant d'autel en broderie au passé de soies multicolores, à décor d'oiseaux, de fleurs et de feuillages sur fond de fils d'argent. Époque Louis XIII.

Haut., 96 cent.; larg., 2 m. 56 cent.

116 — Beau devant d'autel en soie cerise, décoré d'élégantes arabesques en broderie de fils d'argent en relief, avec grosses fleurs et cartel médian armorié en fils d'argent doré. Époque Louis XIII.

Haut., 98 cent.; larg., 2 m. 22 cent.

117 — Tapis de satin bleu pâle, décoré de fleurs-

arabesques en application de toile et broderie
de fils blancs en relief; il est encadré d'une
dentelle d'argent. Époque Louis XIII.

1 m. 70 cent. sur 1 m. 8 cent.

118 — Petit tapis d'ancienne étoffe brochée, à
fleurs en soies claires sur fond orange, tissé de
fils argentés.

1 m. 40 cent. sur 90 cent.

119 — Couverture de chaise en ancien velours
vénitien, de soie grenat, ciselé, à décor de
fleurons et de lobes gothiques.

120 — Deux petits carrés de la Renaissance, en
velours vert, décoré, en application et broderie,
d'un cartouche circulaire, à vase et dauphins,
entouré de festons de feuillage.

38 cent. sur 30 cent.

121 — Deux petits tableaux du XVIIIᵉ siècle, très
finement exécutés en broderie de soies et représentant des bergers.

Haut., 18 cent.; larg., 14 cent.

122 — Culotte de velours vert émeraude avec
rehauts métalliques.

123 — Culotte de velours bleu épinglé.

124 — Culotte de soie blanche.

125 — Couvre-lit d'ancien damas de soie rouge,
bordé sur trois côtés d'un petit effilé.

2 m. 75 cent. sur 2 m. 40 cent.

126 — Tapis carré de taffetas vert avec bordure de rinceaux et de fleurons brodés en fil d'argent doré.

1 m. 8 cent. sur 95 cent.

127 — Tapis carré de satin amarante, décoré au centre d'une armoirie espagnole et aux angles de fleurons, en application de soies bordées de fils dorés. Il est entouré d'une dentelle d'argent.

1 m. 4 cent. sur 1 m. 4 cent.

128 — Couvre-lit du xviiie siècle, en toile couverte de broderie de couleur, représentant des scènes galantes, des militaires, des figures mythologiques, etc. Il est entouré d'une bordure festonnée en guipure de couleur.

3 m. 10 cent. sur 2 mètres.

129 — Bandeau de satin rouge, décoré de cartouches, de chimères et d'arabesques en broderie de fils métalliques.

Haut., 27 cent.; larg., 1 m. 32 cent.

130 — 1^m,25 de frange de soie rouge à grille.

131 — Petit tapis et lot de morceaux, à dessin blanc, relevé de soies de couleur sur fond violet.

132 — Lot de morceaux velours et soierie.

9 782329 534787